AF103555

www.ingramcontent.com/pod-product-compliance
Lightning Source LLC
LaVergne TN
LVHW010424070526
838199LV00064B/5418
9789358727586

مسلمان کے آداب

(مختصر صحیح مسلم سے ماخوذ احادیث)

© Taemeer Publications LLC

Musalmaan ke Aadaab *(Sahi Muslim Ahadith)*
Compiled y: Farha Andaleeb
Edition: October '2023
Publisher & Printer:
Taemeer Publications LLC (Michigan, USA / Hyderabad, India)

ISBN 978-93-5872-758-6

9 789358 727586

مصنف یا ناشر کی پیشگی اجازت کے بغیر اس کتاب کا کوئی بھی حصہ کسی بھی شکل میں بشمول ویب سائٹ پر اَپ لوڈنگ کے لیے استعمال نہ کیا جائے۔ نیز اس کتاب پر کسی بھی قسم کے تنازع کو نمٹانے کا اختیار صرف حیدرآباد (تلنگانہ) کی عدلیہ کو ہو گا۔

© تعمیر پبلی کیشنز

کتاب	:	**مسلمان کے آداب**
مرتبہ	:	**فرح عندلیب**
صنف	:	مذہب
ناشر	:	تعمیر پبلی کیشنز (حیدرآباد، انڈیا)
سالِ اشاعت	:	۲۰۲۳ء
تعداد	:	(پرنٹ آن ڈیمانڈ)
صفحات	:	۲۸
سرورق ڈیزائن	:	تعمیر ویب ڈیزائن

بسم اللہ الرحمن الرحیم

آداب کا بیان

باب: نبی ﷺ کا قول کہ میرے نام پر نام رکھو اور میری کنیت پر کسی کی کنیت نہ رکھو۔

1396: سیدنا انس رضی اللہ عنہ کہتے ہیں کہ ایک شخص نے مقامِ بقیع میں دوسرے شخص کو پکارا کہ اے ابوالقاسم! رسول اللہ ﷺ نے ادھر دیکھا تو وہ شخص بولا کہ یا رسول اللہ ﷺ! میں نے آپ ﷺ کو نہیں فلاں شخص کو پکارا تھا (اس کی کینت بھی ابوالقاسم ہوگی)، تو آپ ﷺ نے فرمایا کہ میرے نام سے نام رکھ لو مگر میری کنیت کی طرح کنیت مت رکھو۔

باب: محمد (ﷺ) کے نام کے ساتھ نام رکھنا۔

1397: سیدنا جابر بن عبداللہ رضی اللہ عنہ کہتے ہیں کہ ہم میں سے ایک شخص کے ہاں لڑکا پیدا ہوا اس نے اس کا نام محمد رکھا۔ اس کی قوم نے اس سے کہا کہ ہم تجھے یہ نام نہیں رکھنے دیں گے، تو رسول اللہ ﷺ کا نام رکھتا ہے۔ چنانچہ وہ شخص اپنے بچے کو اپنی پیٹھ پر اٹھا کر نبی ﷺ کے پاس لایا اور عرض کی کہ اے اللہ کے رسول ﷺ میرا لڑکا پیدا ہوا، میں نے اسکا نام محمد رکھا تو میری

قوم کے لوگ کہتے ہیں کہ ہم تجھے نہیں چھوڑیں گے، تو رسول اللہ ﷺ کا نام رکھتا ہے۔ پس رسول اللہ ﷺ نے فرمایا کہ میرا نام رکھو لیکن میری کنیت (یعنی ابوالقاسم) نہ رکھو کیونکہ میں قاسم ہوں میں تمہارے درمیان تقسیم کرتا ہوں (دین کا علم اور مالِ غنیمت وغیرہ)

باب: اللہ تعالی کے ہاں پسندیدہ ترین نام عبداللہ اور عبدالرحمٰن ہیں۔

1398: سیدنا ابن عمر رضی اللہ عنہ کہتے ہیں کہ رسول اللہ ﷺ نے فرمایا: تمہارے ناموں میں سے بہتر نام اللہ تعالیٰ کے نزدیک عبداللہ اور عبدالرحمٰن ہیں۔

باب: بچے کا نام عبدالرحمٰن رکھنا۔

1399: سیدنا جابر بن عبداللہ رضی اللہ عنہ کہتے ہیں کہ ہم میں سے ایک شخص کے لڑکا پیدا ہوا تو اس نے اس کا نام قاسم رکھا، ہم لوگوں نے کہا کہ ہم تجھے ابوالقاسم کنیت نہ دیں گے اور تیری آنکھ ٹھنڈی نہ کریں گے۔ وہ رسول اللہ ﷺ کے پاس آیا اور یہ بیان کیا، تو آپ ﷺ نے فرمایا کہ عبدالرحمٰن اپنے بیٹے کا نام رکھ لے۔

باب: بچے کا نام عبداللہ رکھنا، اس پر ہاتھ پھیرنا اور اسکے لئے دعا کرنا۔

1400: عروہ بن زبیر اور فاطمہ بنت منذر بن زبیر سے روایت ہے کہ ان دونوں نے کہا کہ سیدہ اسماء رضی اللہ عنہا (مکہ سے) ہجرت کی نیت سے

آداب کا بیان ════════ 3 ════════ مختصر صحیح مسلم سے ماخوذ

جس وقت نکلیں، ان کے پیٹ میں عبداللہ بن زبیر تھے (یعنی حاملہ تھیں) جب وہ قبا میں آ کر اتریں تو وہاں سیدنا عبداللہ بن زبیر پیدا ہوئے۔ پھر ولادت کے بعد انہیں لیکر نبی ﷺ کے پاس آئیں تاکہ آپ ﷺ اس کو گھٹی لگائیں، پس آپ ﷺ نے انہیں سیدہ اسماءرضی اللہ عنہا سے لے لیا اور اپنی گود میں بٹھایا، پھر ایک کھجور منگوائی۔ اُمّ المؤمنین عائشہ صدیقہ رضی اللہ عنہا کہتی ہیں کہ ہم ایک گھڑی تک کھجور ڈھونڈتے رہے، آخر آپ ﷺ نے کھجور کو چبایا، پھر (اس کا جوس) ان کے منہ میں ڈال دیا۔ یہی پہلی چیز جو عبداللہ کے پیٹ میں پہنچی، وہ رسول اللہ ﷺ کا تھوک تھا۔ سیدہ اسماء رضی اللہ عنہا نے کہا کہ اس کے بعد رسول اللہ ﷺ نے عبداللہ پر ہاتھ پھیرا اور ان کے لئے دعا کی اور ان کا نام عبداللہ رکھا۔ پھر جب وہ سات یا آٹھ برس کے ہوئے تو سیدنا زبیر رضی اللہ عنہ کے اشارے پر وہ نبی ﷺ سے بیعت کے لئے آئے۔ جب نبی ﷺ نے ان کو آتے دیکھا تو تبسم فرمایا۔ پھر ان سے (برکت کے لئے) بیعت کی (کیونکہ وہ کمسن تھے)۔

1401: سیدنا انس بن مالک رضی اللہ عنہ کہتے ہیں کہ ابوطلحہ رضی اللہ عنہ کا ایک لڑکا بیمار تھا، وہ باہر گئے ہوئے تھے کہ وہ لڑکا فوت ہو گیا۔ جب وہ لوٹ کر آئے تو انہوں نے پوچھا کہ میرا بچہ کیسا ہے؟ (ان کی بیوی) اُمّ سلیم رضی اللہ عنہا نے کہا کہ اب پہلے کی نسبت اس کو آرام ہے (یہ موت کی طرف اشارہ ہے

اور کچھ جھوٹ بھی نہیں)۔ پھر اُمّ سلیم شام کا کھانا ان کے پاس لائیں تو انہوں نے کھایا۔اس کے بعد اُمّ سلیم سے صحبت کی۔ جب فارغ ہوئے تو اُمّ سلیم نے کہا کہ جاؤ بچہ کو دفن کر دو۔ پھر صبح کو ابوطلحہ رسول اللہ ﷺ کے پاس آئے اور آپ ﷺ سے سب حال بیان کیا، تو آپ ﷺ نے پوچھا کہ کیا تم نے رات کو اپنی بیوی سے صحبت کی تھی؟ ابوطلحہ نے کہا جی ہاں۔ آپ ﷺ نے دعا کی کہ اے اللہ ان دونوں کو برکت دے۔ پھر اُمّ سلیم کے ہاں لڑکا پیدا ہوا تو ابوطلحہ نے مجھ سے کہا کہ اس بچہ کو اٹھا کر رسول اللہ ﷺ کے پاس لے جا اور اُمّ سلیم نے بچے کے ساتھ تھوڑی کھجوریں بھی بھیجیں۔ رسول اللہ ﷺ نے اس بچے کو لے لیا اور پوچھا کہ اس کے ساتھ کچھ ہے؟ لوگوں نے کہا کہ کھجوریں ہیں۔ آپ ﷺ نے کھجوروں کو لے کر چبایا، پھر اپنے منہ سے نکال کر بچے کے منہ میں ڈال کر اسے گھٹی دی اور اس کا نام عبداللہ رکھا۔

باب: انبیاء اور صالحین کے ناموں کے ساتھ نام رکھنے کا بیان۔

1402: سیدنا مغیرہ بن شعبہ رضی اللہ عنہ سے روایت ہے کہ جب میں نجران میں آیا، تو وہاں کے (انصاری) لوگوں نے مجھ پر اعتراض کیا کہ تم پڑھتے ہو کہ ”اے ہارون کی بہن“ (مریم:28) (یعنی مریم علیہا السلام کو ہارون کی بہن کہا ہے) حالانکہ (سیدنا ہارون موسیٰ علیہ السلام کے بھائی تھے اور)

موسیٰ علیہ السلام، عیسیٰ علیہ السلام سے اتنی مدت پہلے تھے (پھر مریم ہارون علیہ السلام کی بہن کیونکر ہو سکتی ہیں؟)، جب میں رسول اللہ ﷺ کے پاس آیا تو میں نے آپ ﷺ سے پوچھا۔ آپ ﷺ نے فرمایا کہ (یہ وہ ہارون تھوڑی ہیں جو موسیٰ کے بھائی تھے) بنی اسرائیل کی عادت تھی (جیسے اب سب کی عادت ہے) کہ وہ پیغمبروں اور اگلے نیکوں کے نام پر نام رکھتے تھے۔

باب: بچے کا نام ابراہیم رکھنا۔

1403: سیدنا ابوموسیٰ رضی اللہ عنہ کہتے ہیں کہ میرا ایک لڑکا پیدا ہوا، میں اس کو لے کر رسول اللہ ﷺ کے پاس آیا تو آپ ﷺ نے اسکا نام ابراہیم رکھا اور اس کے منہ میں ایک کھجور چبا کر ڈالی۔

باب: بچے کا نام منذر رکھنا۔

1404: سہل بن سعد کہتے ہیں کہ ابواسید رضی اللہ عنہ کا بیٹا منذر، جب پیدا ہوا تو اسے رسول اللہ ﷺ کے پاس لایا گیا۔ آپ ﷺ نے اس کو اپنی ران پر رکھا اور (اس کے والد) ابواسید۔ بیٹھے تھے پھر آپ ﷺ کسی چیز میں اپنے سامنے متوجہ ہوئے تو ابواسید نے حکم دیا تو وہ بچہ آپ ﷺ کے ران پر سے اٹھا لیا گیا۔ جب آپ ﷺ کو خیال آیا تو فرمایا کہ بچہ کہاں ہے؟ سیدنا ابواسید رضی اللہ عنہ نے کہا کہ یا رسول اللہ ﷺ ہم نے اس کو اٹھا لیا۔ آپ ﷺ

نے فرمایا کہ اس کا نام کیا ہے؟ ابو اسید نے کہا کہ فلاں نام ہے، تو آپ ﷺ نے فرمایا کہ نہیں، اس کا نام منذر ہے۔ پھر اس دن سے انہوں نے اس کا نام منذر ہی رکھ دیا۔

باب: پہلے نام کو اس سے اچھے نام سے بدل دینا۔

1405: سیدنا ابن عمر رضی اللہ عنہ سے روایت ہے کہ سیدنا عمر رضی اللہ عنہ کی ایک بیٹی کا نام عاصیہ تھا، رسول اللہ ﷺ نے اس کا نام جمیلہ رکھ دیا۔

باب: ''برہ'' کا نام جویریہ رکھنا۔

1406: سیدنا ابن عباس رضی اللہ عنہ کہتے ہیں کہ اُمّ المؤمنین جویریہ رضی اللہ عنہا کا نام پہلے بَرّہ تھا، رسول اللہ ﷺ نے ان کا نام جویریہ رکھ دیا۔ آپ ﷺ بُرا جانتے تھے کہ یہ کہا جائے کہ نبی ﷺ برہ (نیکوکار بیوی کے گھر) سے چلے گئے۔

باب: ''برہ'' کا نام زینب رکھنا۔

1407: محمد بن عمر بن عطاء کہتے ہیں کہ میں نے اپنی بیٹی کا نام برہ رکھا، تو زینب بنت ابی سلمہ نے کہا کہ رسول اللہ ﷺ نے اس نام سے منع کیا ہے اور میرا نام بھی برہ تھا، پھر رسول اللہ ﷺ نے فرمایا کہ اپنی تعریف مت کرو کیونکہ اللہ تعالیٰ جانتا ہے کہ تم میں بہتر کون ہے۔ لوگوں نے عرض کیا کہ پھر ہم اس کا کیا نام رکھیں؟ آپ ﷺ نے فرمایا کہ زینب رکھو۔

آداب کا بیان ═══════ 7 ═══════ مختصر صحیح مسلم سے ماخوذ

باب: انگور کا نام "کرم" رکھنے کا بیان۔

1408: سیدنا ابوہریرہ رضی اللہ عنہ کہتے ہیں کہ رسول اللہ ﷺ نے فرمایا: کوئی تم میں سے انگور کو "کرم" نہ کہے اس لئے کہ "کرم" مسلمان آدمی کو کہتے ہیں۔

1409: سیدنا وائل بن حجر رضی اللہ عنہ سے روایت ہے کہ نبی ﷺ نے فرمایا کہ (انگور کو) کرم مت کہو بلکہ عنب کہو یا حبلہ کہو۔

باب: افلح، رباح، یسار اور نافع نام رکھنے کی ممانعت۔

1410: سیدنا سمرہ بن جندب رضی اللہ عنہ کہتے ہیں کہ رسول اللہ ﷺ نے ہمیں اپنے غلاموں کے یہ چار نام رکھنے سے منع فرمایا افلح، رباح، یسار، اور نافع۔

1411: سیدنا سمرہ بن جندب رضی اللہ عنہ کہتے ہیں کہ رسول اللہ ﷺ نے فرمایا: اللہ تعالیٰ کو چار کلمات سب سے زیادہ پسند ہیں۔ سبحان اللہ، الحمد للہ، لا الٰہ الا اللہ، اور اللہ اکبر۔ ان میں سے جس کو چاہے پہلے کہے، کوئی نقصان نہ ہوگا۔ اور اپنے غلام کا نام یسار، رباح، نجیح (اس کے وہی معنی ہیں جو افلح کے ہیں) اور افلح نہ رکھو، اس لئے کہ تو پوچھے گا کہ وہ وہاں ہے (یعنی یسار یا رباح یا نجیح یا افلح) وہ وہاں نہیں ہوگا تو وہ کہے گا نہیں ہے۔ یہ صرف چار ہیں تم مجھ پر ان سے زیادہ نہ کرنا۔

باب: مندرجہ بالا نام رکھنے کی اجازت کے بارے میں۔

1412: سیدنا جابر بن عبداللہ رضی اللہ عنہ کہتے ہیں کہ رسول اللہ ﷺ نے ارادہ

کیا کہ یعلی، برکت، افلح، یسار اور نافع اور ان جیسے نام رکھنے سے منع کر دیں۔ پھر آپ ﷺ چپ ہو رہے اور کچھ نہیں فرمایا۔ اس کے بعد رسول اللہ ﷺ کی وفات ہوئی اور آپ ﷺ نے اس سے منع نہیں کیا۔ پھر سیدنا عمر رضی اللہ عنہ نے اس سے منع کرنا چاہا، اس کے بعد چھوڑ دیا اور منع نہیں کیا۔

باب: (غلام کے لئے) ''عبد۔امۃ'' اور (مالک کیلئے) ''مولی۔سید'' بولنے کے متعلق۔

1413: سیدنا ابوہریرہ رضی اللہ عنہ کہتے ہیں کہ رسول اللہ ﷺ نے فرمایا: کوئی تم میں سے (اپنے غلام کو) یوں نہ کہے کہ پانی پلا اپنے رب کو یا اپنے رب کو کھانا کھلا یا اپنے رب کو وضو کرا اور کوئی تم میں سے دوسرے کو اپنا رب نہ کہے بلکہ سید یا مولیٰ کہے اور کوئی تم میں سے یوں نہ کہے کہ میرا بندہ یا میری بندی بلکہ جوان مرد اور جوان عورت کہے۔

باب: چھوٹے بچے کی کنیت رکھنا۔

1414: سیدنا انس بن مالک رضی اللہ عنہ کہتے ہیں کہ رسول اللہ ﷺ سب لوگوں سے زیادہ خوش مزاج تھے، میرا ایک بھائی تھا جس کو ابوعمیر کہتے تھے (اس سے معلوم ہوا کہ کمسن اور جس کے بچہ نہ ہوا ہو کنیت رکھنا درست ہے) (میں سمجھتا ہوں کہ انس نے کہا کہ) اس کا دودھ چھڑایا گیا تھا۔ جب رسول اللہ ﷺ آتے اور اس کو دیکھتے تو فرماتے کہ اے ابوعمیر! نغیر کہاں ہے؟

(نغیر بلبل اور چڑیا کو کہتے ہیں) اور وہ لڑکا اس سے کھیلتا تھا۔

باب: کسی آدمی کا کسی آدمی کو "یا بُنَیّ" کہنا (یعنی اے میرے بیٹے)۔

1415: سیدنا مغیرہ بن شعبہ رضی اللہ عنہ کہتے ہیں کہ کسی نے رسول اللہ ﷺ سے دجال کے بارے میں اتنا نہیں پوچھا جتنا میں نے پوچھا، آخر آپ ﷺ نے فرمایا کہ بیٹا تو اس رنج میں کیوں ہے؟ وہ تجھے نقصان نہ دے گا۔ میں نے عرض کیا کہ لوگ کہتے ہیں کہ اس کیساتھ پانی کی نہریں اور روٹی کے پہاڑ ہوں گے؟ تو آپ ﷺ نے فرمایا کہ وہ اسی سبب سے اللہ تعالیٰ کے نزدیک ذلیل ہوگا۔

باب: اللہ تعالیٰ کے ہاں سب سے برا نام یہ ہے کہ کسی کا نام "شہنشاہ" ہو۔

1416: سیدنا ابو ہریرہ رضی اللہ عنہ نبی ﷺ سے روایت کرتے ہیں کہ آپ ﷺ نے فرمایا: سب سے زیادہ ذلیل اور بُرا نام اللہ تعالیٰ کے نزدیک اس شخص کا ہے جس کو لوگ ملک الملوک (شہنشاہ) کہیں۔ ایک روایت میں ہے کہ اللہ تعالیٰ کے سوا کوئی مالک نہیں ہے۔ سفیان (یعنی ابن عیینہ) نے کہا کہ ملک الملوک شہنشاہ کی طرح ہے۔ اور امام احمد بن حنبل نے کہا کہ میں نے ابو عمرو سے پوچھا کہ "اَخْنَعُ" کا کیا معنی ہے تو انہوں نے کہا کہ اس کا معنی ہے سب سے زیادہ ذلیل۔

آداب کا بیان ════════ 10 ════════ مختصر صحیح مسلم سے ماخوذ

باب: مسلمان پر مسلمان بھائی کے پانچ حق ہیں۔

1417: سیدنا ابوہریرہ رضی اللہ عنہ کہتے ہیں کہ رسول اللہ ﷺ نے فرمایا: مسلمان پر اس کے مسلمان بھائی کے پانچ حق ہیں۔ اس کے سلام کا جواب دینا، چھینکنے والے کا جواب دینا، دعوت کو قبول کرنا، بیمار کی خبر گیری کرنا اور جنازے کے ساتھ جانا۔

1418: سیدنا ابوہریرہ رضی اللہ عنہ سے روایت ہے کہ رسول اللہ ﷺ نے فرمایا: مسلمان پر اس کے مسلمان بھائی کے چھ حق ہیں۔ لوگوں نے عرض کیا کہ یا رسول اللہ ﷺ! وہ کیا ہیں؟ آپ ﷺ نے فرمایا کہ جب تو مسلمان سے ملے تو اس کو سلام کر، جب وہ تیری دعوت کرے تو قبول کر، جب وہ تجھ سے مشورہ چاہے تو اچھا مشورہ دے، جب چھینکے اور الحمد للہ کہے، تو تو بھی جواب دے (یعنی یرحمک اللہ کہہ)، جب بیمار ہو تو اس کی عیادت کو جا اور جب فوت ہو جائے تو اس کے جنازے کے ساتھ جا۔

باب: راستوں میں بیٹھنے کی ممانعت اور راستے کا حق ادا کرنے کے بیان میں۔

1419: سیدنا ابوسعید خدری رضی اللہ عنہ نبی ﷺ سے روایت کرتے ہیں کہ آپ ﷺ نے فرمایا: تم راستوں میں بیٹھنے سے بچو۔ لوگوں نے کہا کہ یا رسول اللہ ﷺ! ہمیں اپنی مجلسوں میں بیٹھ کر باتیں کرنے کی مجبوری ہے،

تو آپ ﷺ نے فرمایا کہ اگر تم نہیں مانتے تو راہ کا حق ادا کرو۔ انہوں نے کہا کہ راہ کا کیا حق ہے؟ آپ ﷺ نے فرمایا کہ آنکھ نیچے رکھنا، کسی کو ایذا نہ دینا، سلام کا جواب دینا اور اچھی بات کا حکم کرنا اور بُری بات سے منع کرنا۔

باب: سوار کا پیدل کو اور کم لوگوں (کی جماعت) کا زیادہ لوگوں (کی جماعت) کو سلام کرنا۔

1420: سیدنا ابوہریرہ رضی اللہ عنہ کہتے ہیں کہ رسول اللہ ﷺ نے فرمایا: سوار پیدل کو سلام کرے، پیدل چلنے والا بیٹھے ہوئے پر سلام کرے اور کم لوگ زیادہ لوگوں پر سلام کریں۔

باب: اجازت طلب کرنے اور سلام کے بارے میں۔

1421: ابوبردہ سیدنا ابوموسیٰ رضی اللہ عنہ سے روایت کرتے ہوئے کہتے ہیں کہ سیدنا ابوموسیٰ رضی اللہ عنہ سیدنا عمر بن خطاب رضی اللہ عنہ کے پاس آئے اور کہا السلام علیکم عبداللہ بن قیس آیا ہے تو انہوں نے ان کو اندر آنے کی اجازت نہ دی۔ پھر انہوں نے کہا کہ السلام علیکم ابوموسیٰ ہے۔ السلام علیکم یہ اشعری آیا ہے (پہلے اپنا نام بیان کیا پھر کنیت بیان کی پھر نسبت تا کہ سیدنا عمر رضی اللہ عنہ کو کوئی شک نہ رہے)۔ آخر لوٹ گئے۔ پھر سیدنا عمر رضی اللہ عنہ نے کہا کہ انہیں واپس میرے پاس لاؤ۔ وہ واپس آئے تو کہا: اے ابوموسیٰ تم کیوں لوٹ

گئے، ہم کام میں مشغول تھے؟ انہوں نے کہا کہ میں نے رسول اللہ ﷺ سے سنا، آپ ﷺ فرماتے تھے کہ اجازت مانگنا تین بار ہے، پھر اگر اجازت ہو تو بہتر نہیں تو لوٹ جاؤ۔ سیدنا عمر رضی اللہ عنہ نے کہا کہ اس حدیث پر گواہ لا نہیں تو میں کروں گا اور کروں گا (یعنی سزا دوں گا)۔ سیدنا ابوموسیٰ رضی اللہ عنہ (یہ سن کر) چلے گئے۔ سیدنا عمر رضی اللہ عنہ نے کہا کہ اگر ابوموسیٰ کو گواہ ملے تو وہ شام کو منبر کے پاس تمہیں ملیں گے، اگر گواہ نہ ملے تو ان کو ممبر کے پاس نہیں پاؤ گے۔ جب سیدنا عمر رضی اللہ عنہ شام کو منبر کے پاس آئے تو سیدنا ابوموسیٰ رضی اللہ عنہ موجود تھے۔ سیدنا عمر نے کہا کہ اے ابوموسیٰ! کیا کہتے ہو، کیا تمہیں گواہ ملا؟ انہوں نے کہا کہ ہاں، ابی بن کعب رضی اللہ عنہ موجود ہیں۔ سیدنا عمر رضی اللہ عنہ نے کہا کہ بیشک وہ معتبر ہیں۔ سیدنا عمر رضی اللہ عنہ نے کہا کہ اے ابوالطفیل! (یہ ابن ابی کعب رضی اللہ عنہ کی کنیت ہے) ابوموسیٰ رضی اللہ عنہ کیا کہتے ہیں؟ سیدنا ابی بن کعب رضی اللہ عنہ نے کہا کہ میں نے رسول اللہ ﷺ سے سنا آپ فرماتے تھے، پھر انہوں نے ابوموسی رضی اللہ عنہ کی تائید کی پھر کہا کہ اے خطاب کے بیٹے تم نبی ﷺ کے اصحاب پر عذاب مت بنو (یعنی ان کو تکلیف مت دو)۔ سیدنا عمر رضی اللہ عنہ نے کہا کہ واہ سبحان اللہ، میں نے تو ایک حدیث سنی تو اس کی تحقیق کرنا زیادہ اچھا سمجھا۔ (اور میری یہ غرض ہرگز نہ تھی کہ معاذ اللہ نبی ﷺ کے اصحاب کو تکلیف دوں اور نہ یہ مطلب تھا کہ

ابوموسیٰ رضی اللہ عنہ جھوٹے ہیں)۔

باب: پردہ اٹھالینا اجازت دینا (ہی) ہے۔

1422: سیدنا ابن مسعود رضی اللہ عنہ کہتے ہیں کہ رسول اللہ صلی اللہ علیہ وسلم نے فرمایا: تجھے میرے پاس آنے کی اجازت اس طرح ہے کہ پردہ اٹھایا جائے اور تو میری گفتگو بھی سن سکتا ہے۔ جب تک میں تجھے روک نہ دوں۔

باب: اجازت لیتے وقت ''میں'' کہنا مکروہ ہے (لہٰذا اپنا نام بتانا چاہیئے)۔

1423: سیدنا جابر بن عبداللہ رضی اللہ عنہ کہتے ہیں کہ میں نے نبی صلی اللہ علیہ وسلم سے اجازت مانگی، تو آپ صلی اللہ علیہ وسلم نے پوچھا کہ کون ہے؟ میں نے کہا کہ میں ہوں۔ آپ صلی اللہ علیہ وسلم نے فرمایا ''میں میں''۔ ایک روایت میں ہے کہ گویا نبی صلی اللہ علیہ وسلم نے ''میں'' کہنے کو بُرا جانا۔

باب: اجازت لینے کے وقت (گھر میں) جھانکنا منع ہے۔

1424: سیدنا سہل بن سعد ساعدی رضی اللہ عنہ سے روایت ہے کہ ایک شخص نے رسول اللہ صلی اللہ علیہ وسلم کے دروازے کی روزن (سوراخ) سے جھانکا اور آپ صلی اللہ علیہ وسلم کے ہاتھ میں لوہے کا آلہ (کنگھا) تھا، جس سے آپ صلی اللہ علیہ وسلم اپنا سر کھجا رہے تھے۔ جب آپ صلی اللہ علیہ وسلم نے اس کو دیکھا تو فرمایا کہ اگر میں جانتا کہ تو مجھے دیکھ رہا ہے تو میں تیری آنکھ کو کونچتا اور آپ صلی اللہ علیہ وسلم نے فرمایا کہ اذن اسی

لئے بنایا گیا ہے کہ آنکھ بچے (یعنی پرائے گھر میں جھانکنے سے اور یہ حرام ہے)۔

باب: جو بغیر اجازت کسی کے گھر جھانکے اور انہوں نے اس کی آنکھ پھوڑ دی (تو کوئی گناہ نہیں)۔

1425: سیدنا ابو ہریرہ رضی اللہ عنہ سے روایت ہے کہ رسول اللہ صلی اللہ علیہ وسلم نے فرمایا: اگر کوئی شخص تیرے گھر میں تیری اجازت کے بغیر جھانکے، پھر تو اس کو کنکری سے مارے اور اس کی آنکھ پھوٹ جائے تو تیرے اوپر کچھ گناہ نہ ہوگا۔

باب: اچانک نظر پڑ جانے اور نظر پھیر لینے کے بارے میں۔

1426: سیدنا جریر بن عبداللہ رضی اللہ عنہ کہتے ہیں کہ میں نے رسول اللہ صلی اللہ علیہ وسلم سے اچانک نظر پڑ جانے کے بارے میں پوچھا، تو آپ صلی اللہ علیہ وسلم نے مجھے نگاہ پھیر لینے کا حکم دیا۔

باب: جو مجلس میں آیا، سلام کیا اور بیٹھ گیا (اس کی فضیلت)۔

1427: سیدنا ابوواقد لیثی رضی اللہ عنہ سے روایت ہے کہ رسول اللہ صلی اللہ علیہ وسلم مسجد میں بیٹھے تھے اور لوگ آپ صلی اللہ علیہ وسلم کے ساتھ تھے، اتنے میں تین آدمی آئے، دو تو سیدھے رسول اللہ صلی اللہ علیہ وسلم کے پاس آئے اور ایک چلا گیا۔ وہ دو جو آئے ان میں سے ایک نے مجلس میں جگہ خالی پائی تو وہ وہاں بیٹھ گیا اور

دوسرا لوگوں کے پیچھے بیٹھا اور تیسرا تو پیٹھ پھیر کر چل دیا۔ جب رسول اللہ ﷺ فارغ ہوئے تو فرمایا کیا میں تم سے تین آدمیوں کا حال نہ کہوں؟ ایک نے تو اللہ کے پاس ٹھکانہ لیا تو اللہ نے اس کو جگہ دی اور دوسرے نے (لوگوں میں گھسنے کی) شرم کی تو اللہ نے بھی اس سے شرم کی اور تیسرے نے منہ پھیرا تو اللہ نے بھی اس سے منہ پھیر لیا۔

باب: کسی کو اس کی جگہ سے اٹھا کر خود بیٹھنے کی ممانعت۔

1428: سیدنا ابن عمر رضی اللہ عنہ نبی ﷺ سے روایت کرتے ہیں کہ آپ ﷺ نے فرمایا: تم میں سے کوئی اپنے بھائی کو اس کی جگہ سے نہ اٹھائے کہ پھر خود اس کی جگہ پر بیٹھ جائے لیکن پھیل جاؤ اور جگہ دو۔ ایک روایت میں ہے کہ میں نے کہا کہ یہ جمعہ کے دن کا حکم ہے؟ آپ ﷺ نے کہا کہ جمعہ ہو یا کوئی اور دن۔ اور سیدنا عبداللہ بن عمر رضی اللہ عنہ کیلئے کوئی آدمی اٹھتا تو وہ اس جگہ نہ بیٹھتے (اگرچہ اس کی رضامندی سے بیٹھنا جائز ہے مگر یہ احتیاط تھی کہ شاید وہ دل میں ناراض ہو)۔

باب: جو اپنی مجلس (بیٹھنے کی جگہ) سے اٹھا، پھر لوٹا تو وہ اس جگہ کا زیادہ حقدار ہے۔

1429: سیدنا ابوہریرہ رضی اللہ عنہ سے روایت ہے کہ رسول اللہ ﷺ نے فرمایا: جب تم میں سے کوئی مجلس میں سے (اپنی کسی حاجت کیلئے) کھڑا ہو

(اور ابوعوانہ کی حدیث میں ہے کہ جو کھڑا ہو) لوٹ کر آئے تو وہ اس جگہ کا زیادہ حقدار ہے۔

باب: تین آدمیوں میں سے دو آدمیوں کی الگ اور آہستہ بات چیت کی ممانعت۔

1430: سیدنا عبداللہ بن مسعود رضی اللہ عنہ کہتے ہیں کہ رسول اللہ ﷺ نے فرمایا: جب تم تین آدمی ہو تو تم میں سے دو تیسرے شخص کو الگ کر کے آہستہ سے بات نہ کریں، یہاں تک کہ تم سے اور لوگ بھی ملیں۔ اس لئے کہ اس (تیسرے شخص کو) رنج ہو گا۔ (ممکن ہے کہ وہ ان دونوں سے بدگمان ہو جائے)۔

باب: بچوں کو سلام (کرنا)۔

1431: سیار کہتے ہیں کہ میں ثابت بنانی کے ساتھ چل رہا تھا، وہ بچوں کے پاس سے گزرے تو ان کو سلام کیا اور حدیث بیان کی کہ وہ سیدنا انس رضی اللہ عنہ کے ساتھ جا رہے تھے، بچوں کے پاس سے گزرے تو ان کو سلام کیا اور سیدنا انس رضی اللہ عنہ نے حدیث بیان کی کہ وہ رسول اللہ ﷺ کے ساتھ جا رہے تھے، بچوں کے پاس سے گزرے تو آپ ﷺ نے ان کو سلام کیا۔

باب: تم یہود و نصاریٰ کو سلام کرنے میں پہل نہ کرو۔

1432: سیدنا ابوہریرہ رضی اللہ عنہ سے روایت ہے کہ رسول اللہ ﷺ نے

فرمایا: یہود اور نصاریٰ کو سلام کرنے میں پہل مت کرو اور جب تم کسی یہودی یا نصرانی سے راہ میں ملو تو اس کو تنگ راہ کی طرف دبا دو۔

باب: اہل کتاب کے سلام کا جواب۔

1433: سیدنا جابر بن عبداللہ رضی اللہ عنہ کہتے ہیں کہ یہودی کے چند لوگوں نے نبی ﷺ کو سلام کیا، تو کہا کہ السام علیکم یا ابا القاسم! (یعنی اے ابو القاسم تم پر موت ہو)۔ آپ ﷺ نے فرمایا کہ وعلیکم۔ اُمّ المؤمنین عائشہ صدیقہ رضی اللہ عنہا غصے ہوئیں اور انہوں نے کہا کہ کیا آپ ﷺ نے نہیں سنا کہ انہوں نے کیا کہا؟ آپ ﷺ نے فرمایا کہ میں نے سنا اور اس کا جواب بھی دیا اور ہم ان پر جو دعا کرتے ہیں وہ قبول ہوتی ہے اور ان کی دعا قبول نہیں ہوتی (ایسا ہی ہوا کہ الٹی موت یہود پر پڑی وہ مرے اور مارے گئے)۔

باب: پردے کا حکم آجانے کے بعد عورتوں کے (کھلے منہ) نکلنے کی ممانعت۔

1434: اُمّ المؤمنین عائشہ صدیقہ رضی اللہ عنہا سے روایت ہے کہ رسول اللہ ﷺ کی ازواج مطہرات رات کو حاجت کے لئے ان مقامات کی طرف (قضاء حاجت کیلئے) جاتیں، جو مدینہ کے باہر تھے اور وہ صاف اور کھلی جگہ میں تھے۔ اور سیدنا عمر رضی اللہ عنہ رسول اللہ ﷺ سے کہا کرتے تھے کہ اپنی

عورتوں کو پردہ میں رکھئے۔ آپ ﷺ پردہ کا حکم نہ دیتے۔ ایک دفعہ اُمّ المؤمنین سودہ بنت زمعہ رضی اللہ عنہا رات کو عشاء کے وقت نکلیں اور وہ دراز قد عورت تھیں، سیدنا عمر رضی اللہ عنہ نے ان کو آواز دی اور کہا کہ اے سودہ بنت زمعہ! ہم نے تمہیں پہچان لیا۔ اور یہ اس واسطے کیا کہ پردہ کا حکم اترے۔ اُمّ المؤمنین عائشہ صدیقہ رضی اللہ عنہا نے کہا پھر اللہ تعالیٰ نے پردے کا حکم نازل فرمادیا۔

باب: عورتوں کو اپنی ضروریات کیلئے باہر نکلنے کی اجازت۔

1435: اُمّ المؤمنین عائشہ صدیقہ رضی اللہ عنہا کہتی ہیں کہ جب ہمیں پردے کا حکم ہوا، اس کے بعد سودہ رضی اللہ عنہا حاجت کو نکلیں اور وہ ایک موٹی عورت تھیں، جو سب عورتوں سے موٹاپے میں نکلی رہتیں اور جو کوئی ان کو پہچانتا تھا، اس سے چھپ نہ سکتیں تھیں (یعنی وہ پہچان لیتا) تو سیدنا عمر رضی اللہ عنہ نے ان کو دیکھا اور کہا کہ اے سودہ! اللہ کی قسم تم اپنے آپ کو ہم سے چھپا نہیں سکتیں، اس لئے سمجھو کہ تم کیسے نکلتی ہو؟ یہ سن کر وہ لوٹ کر آئیں اور رسول اللہ ﷺ میرے گھر میں رات کا کھانا کھا رہے تھے، آپ ﷺ کے ہاتھ میں ایک ہڈی تھی اتنے میں سودہ آئیں اور انہوں نے کہا کہ یارسول اللہ ﷺ میں نکلی تھی تو عمر رضی اللہ عنہ نے مجھے ایسے ایسے کہا۔ اسی وقت آپ ﷺ پر وحی کی حالت ہوئی، پھر وہ حالت جاتی رہی اور ہڈی آپ ﷺ کے ہاتھ

آداب کا بیان ═══════ 19 ═══════ مختصر صحیح مسلم سے ماخوذ

ہی میں تھی، آپ ﷺ نے اس کو رکھا نہ تھا آپ ﷺ نے فرمایا کہ تمہیں حاجت کے لئے نکلنے کی اجازت ملی ہے۔

باب: محرم عورت کو اپنے پیچھے بٹھانا۔

1436: سیدہ اسماء بنت ابی بکر رضی اللہ عنہما کہتی ہیں کہ زبیر بن عوام رضی اللہ عنہ نے مجھ سے نکاح کیا (جو رسول اللہ ﷺ کے پھوپھی زاد بھائی تھے) اور ان کے پاس کچھ مال نہ تھا اور نہ کوئی غلام تھا اور نہ کچھ اور سوائے ایک گھوڑے کے۔ میں ہی ان کے گھوڑے کو چراتی اور سارا کام گھوڑے کا اور سدھائی بھی کرتی اور ان کے اونٹ کے لئے گٹھلیاں بھی کوٹتی اور اس کو چراتی بھی اور اس کو پانی بھی پلاتی اور ڈول بھی سی دیتی اور آٹا بھی گوندھتی لیکن میں روٹی اچھی طرح نہ پکا سکتی تھی تو ہمسایہ کی انصاری عورتیں میری روٹیاں پکا دیتیں اور وہ بہت محبت کی عورتیں تھیں۔ اسماء نے کہا کہ میں زبیر رضی اللہ عنہ کی اس زمین سے جو رسول اللہ ﷺ نے ان کو جاگیر کے طور پر دی تھی، اپنے سر پر گٹھلیاں لایا کرتی تھی اور وہ جاگیر مدینہ سے دو میل دور تھی۔ (ایک میل چھ ہزار ہاتھ کا ہوتا ہے اور ہاتھ چوبیس انگلی کا اور انگلی چھ جَو کی اور فرسخ تین میل کا) ایک دن میں وہیں سے گٹھلیاں لا رہی تھی کہ راہ میں رسول اللہ ﷺ اور آپ ﷺ کے کئی صحابہ تھے، آپ ﷺ نے مجھے بلایا، پھر اونٹ کے بٹھانے کو اخ اخ بولا تا کہ مجھے اپنے پیچھے سوار کر لیں۔ مجھے

آداب کا بیان ═══════ 20 ═══════ مختصر صحیح مسلم سے ماخوذ

شرم آئی اور غیرت۔ آپ ﷺ نے فرمایا کہ اللہ کی قسم گٹھلیوں کا بوجھ سر پر اٹھانا میرے ساتھ سوار ہونے سے زیادہ سخت ہے (یعنی ایسے بوجھ کو تو گوارا کرتی ہے اور میرے ساتھ بیٹھ کیوں نہیں جاتی؟) سیدہ اسماء رضی اللہ عنہا نے کہا کہ بعد میں سیدنا ابوبکر رضی اللہ عنہ نے مجھے ایک خادمہ دے دی وہ گھوڑے کا سارا کام کرنے لگی، گویا انہوں نے مجھے آزاد کر دیا۔

باب: جب کوئی اپنی بیوی کے ساتھ جا رہا ہو اور کوئی شخص راستہ میں مل جائے، تو یہ کہہ سکتا ہے کہ یہ فلاں (میری بیوی) ہے۔

1437: اُمّ المؤمنین صفیہ بنت حیی رضی اللہ عنہا کہتی ہیں کہ رسول اللہ ﷺ اعتکاف میں تھے، میں رات کو آپ ﷺ کی زیارت کو آئی۔ میں نے آپ ﷺ سے باتیں کیں، پھر میں لوٹ جانے کو کھڑی ہوئی تو آپ ﷺ بھی مجھے پہنچا دینے کو میرے ساتھ کھڑے ہوئے اور میرا گھر اسامہ بن زید رضی اللہ عنہ کی مکان میں تھا۔ راہ میں انصار کے دو آدمی ملے جب انہوں نے رسول اللہ ﷺ کو دیکھا تو وہ جلدی جلدی چلنے لگے۔ رسول اللہ ﷺ نے فرمایا کہ ٹھہرو، یہ صفیہ بنت حیی ہے۔ وہ دونوں بولے کہ سبحان اللہ یا رسول اللہ ﷺ! (یعنی ہم بھلا آپ پر کوئی بدگمانی کر سکتے ہیں؟) آپ ﷺ نے فرمایا کہ شیطان انسان کے بدن میں خون کی طرح پھرتا ہے اور میں ڈرا کہ کہیں تمہارے دل میں بُرا خیال نہ ڈالے (اور اس کی وجہ سے تم تباہ ہو)۔

باب: آدمی کو غیر محرم عورت کے ساتھ رات گذارنے کی ممانعت۔

1438: سیدنا جابر رضی اللہ عنہ کہتے ہیں کہ رسول اللہ صلی اللہ علیہ وسلم نے فرمایا: خبردار رہو کہ کوئی مرد کسی شادی شدہ عورت کے پاس رات کو نہ رہے مگر یہ کہ اس عورت کا خاوند ہو یا اس کا محرم ہو۔

1439: سیدنا عقبہ بن عامر رضی اللہ عنہ سے روایت ہے کہ رسول اللہ صلی اللہ علیہ وسلم نے فرمایا: تم عورتوں کے پاس جانے سے بچو۔ ایک انصاری شخص بولا کہ یارسول اللہ صلی اللہ علیہ وسلم! دیور کے بارے میں کیا خیال ہے؟ آپ صلی اللہ علیہ وسلم نے فرمایا کہ دیور تو موت ہے۔ (یعنی اصل خطرہ تو دیور سے ہے)۔ سیدنا لیث بن سعد رضی اللہ عنہ کہتے تھے کہ حدیث میں جو آیا ہے کہ دیور موت ہے، تو دیور سے مراد خاوند کے عزیز اور اقربا ہیں جیسے خاوند کا بھائی یا اس کے چچا کا بیٹا (خاوند کے جن عزیزوں سے عورت کا نکاح کرنا درست ہے، وہ سب دیوروں میں داخل ہیں، ان سے پردہ کرنا چاہئیے سوائے خاوند کے باپ یا دادا یا اسکے بیٹے کے کہ وہ محرم ہیں اور ان سے پردہ نہیں)

باب: جن (عورتوں) کے خاوند گھر سے باہر ہیں، ان (عورتوں) کے گھروں میں جانے کی ممانعت۔

1440: سیدنا عبداللہ بن عمرو بن عاص رضی اللہ عنہ سے روایت ہے کہ بنی ہاشم کے چند لوگ اسماء بنتِ عمیس کے پاس گئے اور سیدنا ابوبکر صدیق رضی اللہ عنہ بھی

گئے اور اس وقت اسماء ابوبکر رضی اللہ عنہ کے نکاح میں تھیں انہوں نے ان کو دیکھا اور ان کا آنا بُرا جانا۔ پھر رسول اللہ صلی اللہ علیہ وسلم سے بیان کیا اور کہا کہ میں نے کوئی بُری بات نہیں دیکھی۔ آپ صلی اللہ علیہ وسلم نے فرمایا کہ اسماء کو اللہ نے بُرے فعل سے پاک کیا ہے۔ پھر رسول اللہ صلی اللہ علیہ وسلم منبر پر کھڑے ہوئے اور فرمایا کہ آج سے کوئی شخص اس عورت کے گھر میں نہ جائے جس کا خاوند غائب ہو (یعنی گھر میں نہ ہو) مگر ایک یا دو آدمی ساتھ لے کر۔ (ان سے مراد اپنے آدمی ہیں جن کے بارہ میں یہ خیال کرنا محال ہو کہ وہ کسی فاحشہ عورت کے پاس جا سکتے ہیں)۔

باب: عورتوں کے پاس مخنثین (خسروں) کا آنا جانا منع ہے۔

1441: اُمّ المؤمنین عائشہ صدیقہ رضی اللہ عنہا کہتی ہیں کہ رسول اللہ صلی اللہ علیہ وسلم کی ازواج مطہرات کے پاس ایک مخنث آیا کرتا تھا اور وہ اس کو ان لوگوں میں سے سمجھتیں تھیں جن کو عورتوں سے کوئی غرض نہیں ہوتی (اور قرآن میں ان کا عورتوں کے سامنے آنا جائز رکھا ہے)۔ ایک دن رسول اللہ صلی اللہ علیہ وسلم اپنی کسی زوجہ مطہرہ کے پاس آئے تو وہ ایک عورت کی تعریف کر رہا تھا کہ جب سامنے آتی ہے تو چار بٹیں لے کر آتی ہے اور جب پیٹھ موڑتی ہے تو آٹھ بٹیں ظاہر ہوتی ہیں۔ رسول اللہ صلی اللہ علیہ وسلم نے فرمایا کہ یہ یہاں جو ہیں ان کو پہچانتا ہے (یعنی عورتوں کے حسن اور قبح کو پسند کرتا ہے) یہ تمہارے

پاس نہ آئیں۔ (سیدہ عائشہ کہتی ہیں) پس انہوں نے اُسے روک دیا۔

باب: سوتے وقت آگ بجھانے کا حکم۔

1442: سیدنا ابو موسیٰ رضی اللہ عنہ کہتے ہیں کہ رات کو مدینہ میں کسی کا گھر جل گیا۔ جب رسول اللہ ﷺ کو خبر ہوئی تو آپ ﷺ نے فرمایا کہ یہ آگ تمہاری دشمن ہے، جب سونے لگو تو اس کو بجھا دو۔

☆☆☆

علمِ حدیث کے موضوع پر
ایک اہم کتاب

سنّت کا مقام

از: ابو عدنان محمد منیر قمر

بین الاقوامی ایڈیشن

منظرِ عام پر آچکا ہے